Die LYRIKEDITION 2000 wird herausgegeben von
Heinz Ludwig Arnold

Das Buch

Mit »Das Meer tropft aus dem Hahn« legt Anton G. Leitner seinen vierten Gedichtband vor. »Es ist ein einziges Gedicht in fünfzig Teilen von Meer, Insel, Liebe – von wandelbaren Dingen, die unseren Durst unterweisen«, schreibt Joachim Sartorius in seinem Vorwort. Sartorius schätzt Anton G. Leitner »als höchst beweglichen, mit allen Wasserzeichen der Poesie vertrauten, sensiblen, aber auch beherzt Neuland erobernden, Slang und hohen Ton collagierenden« Lyriker.
»In der Kunst des Enjambements erreicht Anton G. Leitner einen Gipfel, der beinahe an Scharlatanerie grenzt. Einmal in Gang gesetzt, ist die Wort-Kombinier-Maschine kaum noch zu bremsen. ›Das Wort beim Wort nehmen‹ bildet aber nur den äußeren, bewegten Rahmen für Sätze voll Stille und Poesie: ›Das Wasser // Verdurstet an / Land‹. Sätze, die einen den Atem anhalten lassen.« DIE ZEIT (Literaturbeilage zur Frankfurter Buchmesse 2001)

Der Autor

Anton G. Leitner, Jg. 1961, studierte Rechtswissenschaft und Philosophie. 1993 beendete er seine Arbeit als Jurist, um sich hauptberuflich der Literatur zu widmen. Neben seiner Tätigkeit als Herausgeber der Zeitschrift DAS GEDICHT und von acht Anthologien (u. a. bei dtv und Reclam) veröffentlichte er Gedichte, Essays, Kritiken, Kurzgeschichten sowie eine Erzählung. Er wurde mit dem Kulturpreis *AusLese* der Stiftung Lesen, dem *V. O. Stomps-Preis* der Stadt Mainz und dem *Kogge-Förderpreis* der Stadt Minden ausgezeichnet. 2001 berief ihn die Stadt Darmstadt in die Jury des *Leonce-und-Lena-Preises*. Leitner lebt in Weßling (Landkreis Starnberg).

Anton G. Leitner

Das Meer tropft aus dem Hahn

Fließ, Blätter
1998 – 2001

Erweiterte Neuausgabe

Mit dem Vorspruch
»Meer, Insel, Liebe«
von Joachim Sartorius

Dieses Buch erschien erstmals 2001 im Kowalke & Co. Verlag, Berlin. Die Ausgabe in der LYRIKEDITION 2000 ist um fünf Gedichte erweitert. Auf Wunsch des Autors folgt der Titel den Regeln der alten Rechtschreibung.

Die LYRIKEDITION 2000 ist ein BoD™-Verlag der Buch & medi@ GmbH, München. Dieser Verlag publiziert ausschließlich Books on Demand in Zusammenarbeit mit der Books on Demand GmbH, Norderstedt, und dem Hamburger Buchgrossisten Libri. Die Bücher werden elektronisch gespeichert und auf Bestellung gedruckt, deshalb sind sie nie vergriffen. Books on Demand sind über den klassischen Buchhandel und Internet-Buchhandlungen zu beziehen.

Weitere Informationen über den Verlag und sein Programm unter:
www.lyrikedition-2000.de

Homepage des Autors:
www.anton-leitner.de

Januar 2002
LYRIKEDITION 2000
Ein BoD™-Verlag der Buch & medi@ GmbH, München
© 2002 Anton G. Leitner
Umschlaggestaltung: Bauer+Möhring, Berlin
Herstellung: Books on Demand GmbH, Norderstedt
Printed in Germany · ISBN 3-935877-14-5

Joachim Sartorius

MEER, INSEL, LIEBE
Ein Vorspruch

Am Beginn ein fiebriges Bild der Ankunft: der Ozean in Aufruhr, ein schlingerndes Schiff, ein schwarzer Balken, der sich hebt und senkt, die Dünung teilt sich dem Leser mit, eine Insel kommt in Sicht, eine kanarische, wie wir im nächsten Gedicht erfahren, die »faule Insel La // Palma«, wie sie wenig später benannt wird, auf der Seekarte zwischen »rechts // Nach Afrika oder / Links nach / Florida«.
See Land – Land See lautet die Grammatik des Zwiegesprächs, das schnell die Grenzen von Wasser und Vulkan, Sand und Licht verschwimmen läßt, die Inselbewohner mit einbezieht, ihre großen und kleinen Tragödien. Im Blick des Betrachters wird das Leben auf La Palma lebendig, von Leidenschaften und religiösem (Aber-)Glauben durchblitzt, immer wieder von Wasser umspült, das sich seine Gegenstände, seine Ufer und Weiten, je nach Sichtweise und Brennschärfe selber wählt.
Je weiter wir mit den »Blättern« fließen, desto stärker werden wir des topographischen Modells gewahr, das Anton G. Leitner mit Witz, Einbildungskraft und Kalkül errichtet, auch des kunstvoll zyklisch angelegten Ablaufs der Gedichte – vom Meer und von der Küste ins Inselinnere und wieder, in den beschließenden Gedichten, zurück zum Meer, zum offenen Blick auf dessen Weite und Unendlichkeit.
Stets ist die Insel vor unseren Augen, auch in jenen Gedichten, die abschweifen, den Blick nach Holland richten oder ein Schlaglicht auf die deutsche Geschichte werfen. Die für La Palma charakteristischen Bananenwälder, ihre vulkanischen Kegel, ihre Agaven und Eidechsen, Fische und deren

glänzendes Auge, Sand und ausgeblühtes Salz sind einigende Chiffren. Wir spüren in diesen knappen, oft lakonischen Benennungen, wie vertraut Anton G. Leitner diese Welt ist, wie oft und wie intensiv er über Jahre sie beobachtet und in seine Sprache hineingeholt hat. Im Zentrum dieses Inselvokabulars steht aber das Wasser, das Meer – allgegenwärtig, wie es schon im Titel der Sammlung anklingt: »Das Meer tropft aus dem Hahn«.

›Water is taught by thirst‹, hat die große Emily Dickinson geschrieben. Wasser wird vom Durst gelehrt. Man könnte auch sagen: Durst unterweist das Wasser. Anton G. Leitner gelingt es, uns diesen wunderbaren poetologischen Satz in der Folge seiner fließenden, sich die Insel reichenden »Blätter« anschaulich zu machen. Ein Paradies entsteht gottlob hierbei nicht. Dazu ist zu viel auch vom Alltag die Rede, von Magenverstimmung, prosaischen Touristen und kauzigen »Residenten«. Doch im Kern des Bandes, in der Mitte aller Gedichte, entfaltet sich thematisch das Motiv der Liebe, mit ihrem Teil kruder Erotik (»Schreien, laut: / Mehr, mehr // Ist nie tief / Genug.«), aber auch mit einem Moment der Verklärung (»Über // Morgen schmilzt / Er. In ihren // Armen.«), der auf das vielstimmige und perspektivenreiche Panorama abstrahlt.

Anton G. Leitner hat in seinem letzten Band »Bild Schirm schneit, roter Stich«, der einen eindrucksvollen Überblick über siebzehn Jahre poetischen Schaffens gab, bewiesen, wie groß und variationsfähig sein poetisches Grundinventar ist. Wir haben ihn in jenem Band als höchst beweglichen, mit allen Wasserzeichen der Poesie vertrauten, sensiblen, aber auch beherzt Neuland erobernden, Slang und hohen Ton collagierenden Sprachspieler kennengelernt.

Hier nun, im Folgeband, hat er sich bewußt auf zwei, drei Stilmittel beschränkt, damit alles, wie er selbst sagt, »aus einem Guß« erscheine. Diese sind kurze, ja extrem kurze

Zeilen, kühne Zeilensprünge – regelrechte Volten! – in einem stark assoziativen Vorgehen, die Trennung zusammengesetzter Wörter, damit neue Sinngebungen freisetzend, und schließlich das Weiterreichen von Bildern und Namen von einem Gedicht an andere Gedichte. Anton G. Leitner liebt es auch, Redeweisen wörtlich zu nehmen. Daraus entstehen manchmal Zaubersprüche, die verwirren und einleuchten zugleich. Da die Leitnersche Technik der Fragmentarisierung und der stete spielerische Wechsel der Tonfälle und Blickwinkel in einem Ganzen aufgehoben sind, ermüdet der Leser nicht. Im Gegenteil: angesteckt von so viel Frische und gelegentlich auch Übermut lenkt er seine Aufmerksamkeit immer wieder auf die überwölbende Struktur: See Land – Land See. Müßte ich dieses Ganze in einem Satz definieren, so würde ich sagen: Es ist ein einziges Gedicht in fünfzig Teilen von Meer, Insel, Liebe – von wandelbaren Dingen, die unseren Durst unterweisen.

Berlin, 24. September 2000

Für Felizitas

REISE, FIEBER

Bleibe im Lande
Und nähre dich
Redlich.

Der Himmel riskiert
Eine salzige
Lippe.

Schluck auf
Schluck, er
Trinkt mehr

Schaum. Pfeife:
Raucht nicht,
Tutet. Der schwarze

Balken taucht auf
Und ab,
Dampfer

Vielleicht, langer
Tanker oder Schatten
Gewächs, das

Gebirge ist in
Aufruhr, der Aufruhr
Ist ozeanischer

Natur. Regen
Bogen über
Spannung

Vulkanischer
Brust
Warzen. Kontrast

Mittel: gespritzte
Bananen, phosphores
Zierende Insel, das

Auge ißt
Mit, der Magen
Flieht auf der

Seekarte gerade
Aus nach
Grönland, rechts

Nach Afrika oder
Links nach
Florida, in die

Arme des
Fremden
Führers.

KANARISCHE SICHT, WEISE

Für Christoph Fikenscher

Luft. Spiegelungen
Vielleicht

Bewegt der
Ozean träges

Blau in Wellen zum
Himmel oder der

Himmel abgestandenes
Blau zum

Meer? Wasser, aber
Das Wasser

Verdurstet an
Land.

Treib, Gut

Mit dem Brecher:
Das Tau. Arm
Dick, Manns

Schwer. Alle
Ziehen! An einem
Strang. Lange

Leitung, Ohr
Wurm am anderen
Ende: *Ein Schiff*

Wird ... Ziehen! Und
Ruhe, der Lärm
Weckt Tote, das

Meer. Schwimmer
Zurück! Zu den
Fischen. Wir. Ver

Schwimmen. Ein
Atmen Wasser. Aus
Atmen Wasser

Schlucken. Salz
Takt, Land. Blei
Rhythmus. Guß

Beine. Weg. Spült
Langsam! Kalte. Wir.
Aus. Ziehen! Vor

Bei Schlaf. Nässe,
Nackte. Gewinnt das
Element. Immer.

LOKAL, RUNDE

Geh, geh zu. Ohne
Begleitung der

Schritte vor die
Tür. Stimmt so.

Nicht. Schon? Bleiben.
Topf mit Schnee

Haube. Winter im
Sommer. Bier

Loch. Rauch. Nebel.
Zieht am falschen

Ende. Aua. Zungen,
Brand, Blasen

Schwäche. *Kampf den
Kurven.* Flaschen,

Therapie. Im Löffel
Steckt die Milch

Brust. Flach, Bild
Schirm, auch hier

Der Präsident in
Farbe: Satelliten

Gefangener. Unter
Rock Navigator. *Leise!*

Ball, Zeit. Kühler.
Grill. Alle: *Ich*

Muß mal. Feuer?
Austreten. Geht auf

Das Haus. Schönes
Wetter. Heute. Daheim.

Pizzeria Mamma Mia

Die kleine
Patronin aus
Kuba: Brand

Teig mit Hüft
Schwung, offenes
Feuer. Süß

Speise, Plan
Auf den Kopf
Gestellt. Süd

Früchte zuerst
Dann Pizza
Nach Art des

Hauses: »Ich
Weiß nicht so
Recht, Señor

Woher die Zu-
Taten stammen, aber
Sie schmecken

Gut, mein Mann
Kommt von Mai
Land und hat Palermo

Im Blut, bei Streit
Hören alle alles.«
Zuerst Fuerto

Ventura. Ein
Jahr ohne
Regen, die zweite

Wahl: Heiliger
Andreas auf der
Faulen Insel La

Palma. Bananen
Oder die krumme
Kirche San Andrés

Apóstol. Dicke
Mauern als Schutz
Gegen Piraten. Die

Flucht der
Dickerchen vor
Den Dicken

Zigarren. Wochen
Bart, schmutziges
Hemd aus der

Offenen Hose
Gottes
Garten mit Dreh

Kreuz, verwildert
Wippe und
Schaukel. Nackte

Schenkel, der
Erste Tag ohne
Gast am Boden

Die rote Hose:
*Geh wohin der
Pfeffer wächst!*

Auch Beten hilft
Nicht Touristen
Essen nur Fisch

Und keiner springt
Als Filet aus der
Pfanne. »Mamma

Mia, einmal *Vier
Jahreszeiten* für fünf
Insulaner! Dazu

Ein Getränk
Gratis. Sie holen
Sich hier

Appetit und
Stillen den
Hunger daheim.«

Insel. Tragödie

Blümchen, Tapete:
Strauß für gezählte

Stunden. Die alte
Frau erlag

Einer Schnitt
Verletzung.

Hieb und Stich
Fest: Alibi

Sohn. Schloß sich
Selbst ein. Köpfte

Rosen auf dem
Geschirr. Stieß

Schreie aus. »Mama«
Bis zuletzt

Den Ausgang
Verweigert.

Jagd, Lied

Nase zu
Augen auf

Ein Leben
Kommen zwei

Tode. Blind
Schleichend.

Selbst ist der
Mörder: Vater,

Sohn, Beziehung.
Bananen, Gift.

Löffel im Hals
Schwimmt die

Zunge. Belegt,
Kein Anschluß

Unter dieser
Erde, Statistik:

Ein Taucher killt
Siebzehn

Fische am
Tag. Danach

Geht alles in
Ordnung. Ohne

Harpune kein
Bauch, oh weh.

Im Wald ist keiner

Ein Räuber: Sperr
Bezirk. Keulen, die

Keulen sogar Holz
Bruch. Abfackeln das

Ganze Viehzeug. »Stinkt
Wie die Sau!« Haaren,

Die Borsten nadeln.

Teil, für das Ganze

Glänzt ein Auge
Des Papageien

Fisches: die eigene
Sterblichkeit über

Lebt um mehrere
Stunden. (Ab

Bild der letzten
Überraschung.) Leib

Speise vielleicht
Eines hoch

Würdigen Herrn
Dem der Magen

Schon knurrte.
Kurze Gebets-

Formel, einige
Bissen Atlantik zu

Sich genommen.
Immer der offene

Mund als Aus
Druck ewiger

Jugend. Gedächtnis
Schleife: »Danke, der

Kopf geht zurück
Ins Salz.«

Such, Lauf, schneller
Vor und zurück

Das Wasser atmet
Salz. Heringe als
Orales Kopf

Weh Mittel, flüchtige
Kater Stimmung.
Feuchtigkeit, hoch

Prozentige Luft
Schlangen, Beschwör
Er: Kein Stimulans

Für die Kehle mehr
Verbrannte Tal
Sohlen. Im Mund, die

Banane aus der
Dose, gelber
Rauch, der letzte

Vulkan Ausbruch in
Blasser Erinnerung. Sie
Sagen, Glaube

Versetze Berge und
Dabei kämen auch
Steine ins

Schwitzen. Einer rollte
Auf die Straße der
Hoffnung. Aus

Der Kurve getragener
Priester, Volks
Heiliger Domingo, bitt'

Für die gejagten
Eidechsen. Und die
Sündige Blüte der

Agave: sechs Meter langes
Glied, in den
Himmel gestoßen zu

Den Klängen einer
Posaune. Nicht wieder
Kehrende Erektion mit Todes

Folge. Lokale Preis
Frage: *wie lange
Schwimmt ein Mensch*

Mit den Haien? Schwarze
Seelen, Heil
Kunde. König der

Bettler mit Stab
Unterwegs
Ins Grüne. Aufsticg

Und Abstieg, verbrauchter
Vergleich für das
Wirkliche Leben im

Ozean Park. Platz der
Freiheit der offenen
Türen, der fetten

Küchen
Schaben. Höhlen
Bewohner

Verzogen in gekalkte
Gesichter. Fenster
Läden geschlossen, die

Türen schmal, einen
Spalt weit offen
Nur: »Jemand zu

Hause?« Keine
Antwort ist auch
Eine Absage, wer

Suchet der
Findet nicht
Fische auf Broten

Versteinert
Im heißen
Sand.

WIR IM AQUARIUM

Zappelnd, einmal dick
Und dünn, durchs Glas
Vergrößert, beschlagene

Scheiben. Auch draußen
Nichts als Flossen. Bart
Fisch, Schwert. Rinne

Wirft die Tropfen
Angel aus. Biß
Freude mit Wider

Haken. An der Leine
Getrocknete Kiemen. Wir
Lieben das Salz

In der Suppe: Wasser
Lösliche Zungen, ein
Fältig raus

Gestreckt. (Des
Rätsels Lösung
Auf Eis.)

KOPF, NEBEL

Schwarzes Blut, Wein
Straße am Ab

Grund. Gesicht
In Furchen: Meeres

Spiegel. Adrenalin
Aus, Stoß. Steile

Gase. Fest
Flüssig, schwer

Verdaulich. Auf
Getaut. Böller

Spur: Pulver
Dampf. Ab

Zug. Unternehmungs
Lustig. Ich als Ei

Dechse. *Stand*
By Be

Trieb. Solar
Bad. *Heute*

Häutung! Schäle sich
Wer kann.

Süss, Wasser
Becken (gebärfreudig)

Das Meer tropft
Aus dem Hahn.

Tierchen
Im Zucker. Salz

Streuer: die Wolken
Setzen dem Blau

Die Krone
Auf.

Heiliges Jahr

Das riecht nach
Minze. Zement

Ist alle, Loch
Im Zahn. Anti

Biotischer Dank:
Keuschheits

Gürtel. Rose, Marie
Bitte ein Stoß

Gebet für uns
Arme Sünder jetzt

Und ohne
Gummi. Platzt die

Unbefleckte
Blase. Peng.

Kreuz, Fest

Gewand aus
Stanniol

Papier.
Mensch geworden

Einbeinig, fest
Betoniert.

Nur keinen
Holzfuß

Ausreißen!
Bleib

*In unserer
Mitte, O*

Herr! Zum
Wohl.

Kleider, Ordnung

Deine Trümpfe stechen.
Meine Strümpfe brechen

Auf. Auch deine
Haben ein Loch. Da

Muß ich durch.
Ich armer

Tor!

MENSCHEN, FRESS ER

Grillt sich selbst
Das Fleisch zieht

In die Nase.
Aber der Bauch

Nabel gepierct
Mit fünfzehn

Schwanger. Heilige
Jungfrau, bitte

Für uns Medium
Oder durch

Wachsen. Was
Auf den Tisch kommt

Macht müde
Männer munter. Nicht

So gespreizt. Jeder
Bekommt sein

Stück ab
Gebissen.

GAUMEN, FREUDEN

Nenn die Zunge
Kreisel. Abend

Messen. Größer
Als. Sumpf

Dotter, Blume.
Sucht. Verhalten. Aus

Gezogene. Alle
Viere von

Sich. Gänse
Haut, süß-sauer

Soße. Kirsch
Aroma. Iß so

Viel du
Kannst. Noch

Immer. Gut.
Mit Messer und

Gabel. Ins
Fleisch.

Nass, Rasur

Sag dem Kaktus
Er soll nicht

Stechen oder zieh
Ihm besser

Die Stacheln. Dann
Streichle ich

Ihn zuerst. Später
Dich. Mach

Schnell, sonst
Sticht er

Nicht so.
Aua, du

Tust mir
Gut.

Wilde Natur, Kunde

Geht und lacht sich
Einen Ast an

Der Scheibe friert
Eis, die Blume

Jeder x-beliebigen
Schönheit im wilden

Schritt, sog. *Asphalt
Nageln*. Geschlagener

Schnee, Sahne
Steif. Schmeckt das

Geschlecht! Warum der
Schal um die nackten

Hüften? Die Zunge als
Kamm, im Hals würgt

Wolle, das lockige
Haar. *Zwanzig

Jahr* ... und große
Scheiße, der kleine

Tod im Freien bei
Fünf Grad unter

Null. »Deckel auf
Deckel zu«, Herr

Kommissar. Das alte
Lied. »Der Engel

Heißt Hase und weiß
Alles.«

Schnee, Mann

Das Erleben von heute
Ist die Erinnerung

Von morgen. Morgen
Fällt Schnee. Über

Morgen schmilzt
Er. In ihren

Armen.

Brand, Blasen

Was friert, schwillt
Nicht. Im Sommer

Wohl auf
Gerichtet. Regen

Bogen, Pfeil und
Brust. Panzer, eiserne

Blusen. Spanner. Deo
Dorant: Geschlecht

Aus Glas. Öl. *Deo
Gratias!* Rein. Ge-

Schüttelte Milch, oh-
Ne Scham. Los

Schreien, laut:
Mehr, mehr

Ist nie tief
Genug. Löst die

Zungen. »V« für
Victoria oder

Vegetarisch. »FF«
Für Fleisch

Fresser. »FKK« –
Vorsicht heißt junges

Gemüse, Natur
Belassen. Fall

Obst. Studie, faule
Eier. Schoner. Oder

Schweiß treibend:
Stier bei den

Hörnern gepackt.
Noch immer kein

Gummi im Plus
Auf der Samen

Bank. Wackel
Pudding, Protein

Schmelze. Mund
Geblasenes Blei

Kristall. So
Genannte Gesundheits-

Kugeln. Hier
Geblieben! Vorne

Selbst Be-
Spiegelung. Ver-

Lust an
Höhe. Punkt

Landung, Zeit
Versetzt.

LEIDEN

Für Frans van Nieuwenborg

Ins Wasser verlängerte
Stadt. Im Kaffee

Schwimmt ein Haus
Boot, darin Straßen

Musik. Ihr lustigen
Weiber von

Holland. Die Leinen
Los! Eben noch

Zuckte der
Hering, wer zog

Den Fisch des
Mannes durch die

Zwiebeln und ein
Zwei Bisse und

Zappelten die
Stücke im Hals

Im Magen verdaut.
Sagt einer alle

Frauen sind hier
Blond, irrt er

Nicht, aber: *Vorsicht
Heiß!* Die Zunge

Verbrannt in der
Nase die gemahlene

Bohne. Das ist ein
Obst in den großen

Körbchen. Mit der
Tasse leert sich alles

Trocken gelegt. Apfel
Oder Birne, eine

Frage des guten
Geschmacks ohne

Vorhang nur noch
Einmal beißen, bitte.

UNGEREIMTES

»Kleine Bescherung«

Wer außer mir
War noch in

Ihr? *Unterm Rock
Zipfel steht die Zeit*

Still. Aber bitte
Die Strumpf

Hose runter. *Treiben
Wir's ohne.* Bunter, der

Wächst und sticht
Ins Rot: Rose

Marie sei so frei.
Koch dir die Eier

Selbst. So ist es
Gut. Gleich

Kommt der Weihnachts-
Mann. *Bart ab, es*

Schneit. Wieder
Einmal so flach

Gelegenheit macht
Diebe. Im Dunklen hell

Wach, daneben ge-
Kleckert und abge-

Trotzt dem Schick-
Sal ein gutes

Tröpfchen. Allemal
Besser zu dritt als

Allein. *Und das am
Heiligen Abend, du*

Schwein! Wir waren
Nur zwei, ich bleibe

Bei dieser oder
Jener. *Ciao!*

Nächstes Jahr
Bieder. *Guter Vor-*

*Satz, daß ich nicht
Lache.* Im Mieder

Sitzen die Brüste
Fest. *Lös das*

*Band mit der
Zunge.* Dem Glück-

Lichen schlägt die
Stunde im Kopf.

Vor jeder Runde
Dreht sich die

Welt doppelt so
Schnell vergehen

Die Tage danach
Wirft das Pferd

Seinen Reiter ab
Durch die Mitte!

Hör, Buch

Redet wie ein
Buch. Laß die

Bücher sprechen
Und halte die

Luft an der
Schönen blauen

Donau macht
Der Ton die

Musik, das Au
Das laute Oh

Ne dich kann er
Nicht Liebe

Machen, drum auf
Den Mund, die

Augen zu, denn
Dafür ist es nie

Zu früh.

Das ganze Pack

Dichter, die toten endlich
Anständiges Aus

Kommen unter Tage ge-
Zählte Erbsen: Silben, ein

Topf, verworfene
Subjekte ... im Stande

Sich fort zu
Pflanzen. Wie

Viele Schöße wund
Geschrieben! Das

Gezückte Schwert, die
Elektronische Feder

»Spinett«. Krümel, für wen
Gelassen? Friß oder

Halte den Samen
Besser zurück. Mit Erde

Im Mund spricht es sich
Leichter: *Hallo, hast du*

Mal Feuer? Das ewige
Licht taugt so wenig als

Leuchtendes Beispiel, aber
Stell dir vor da

Steht ein Kanister und
Keiner läßt ihn hoch

Gehen. Der Rauch, der
Nicht raucht, verzieht sich.

Und wieder dieselbe
Leier: Machs Fenster

Auf, laß Luft herein!
Der Nächste, bitte.

Ende der Sommerzeit

»Alter ist keine Frage
des Bewußtseins.«
Anonymer Alkoholiker

Und wieder
Weht der Wind
Blätter etc., etc.

Nebenan stirbt ein
Nicht lieb gewordener
Mensch. Ich pfeife

Auf die Vergänglichkeit
Hebe das Glas
Und drücke die

Start-Taste. Photo
Kopiertes Land, in
Schwarz

Weiß, wieder
Entdeckt (sog. ›Neue
Sachlichkeit‹). Ewiges

Licht, es brennt
Bis zum Wechsel
Der Batterien. Bimmeln,

Ein Mann im Rock
Zieht mit hoher
Stimme vom Leder:

»Komm uns zu
Hilfe mit Deinem
Erbarmen.« Ich teile

Das Gefühl der
Schwäche und zahle
Mit falscher Münze.

Fasten, Zeit

»War auch alleine
Geboren.«

Wer sich mag wird
Getrennt. So dahin

Sterben ist leichter
Gesagt als gelebt.

Es ist so

Weit! Nicht mehr
Die Türe. Offen.

Stehen lassen. Im
Winter, die

Kälte. Verzogen. Nach
Ziehen. Holz

Schwindet. Die Gäste,
Die Geste: Schuld.

Ascher, Mittwoch

Kinder, ein ganzer
Sack voll

Flöhe. Steht da
Jemand auf

Eigenen Beinen?
Stolper Draht

Lose Kommunion.
Reden ist Luft

Aneinander vor
Bei Spiel mit

System Fehler
Quote. Schreit

Der, brüllt die
Trommel-Fell

Fraktion? Grüne
Männchen im

Anzug, ein Asche
Kreuz Träger aus

Dem Dritten
Teich. Schlacht

Fisch, Essen. Junges
Gemüse. Gut

Verdaulich. Raucht
Noch.

LEBEN, NACH

Dem Leben: Die
Stimme des

Toten auf
Anruf

Beantworter. Ein
Stück eigener

Kindheit, ab
Gespult. Über

Spielt.

Würden, Träger

Die Politik verdient mit
Gefühl. Die Wahl des

Eigenen Volkes als Sound
Check im Kopf oder

Zahl besser sofort als
Zu spät im guten

Glauben ist Geben
Seliger denn die

Ziehung der Lotter
Zahl 69 am Bild

Schirm das Wort
Zum Sonntag, sag

Nur der Ober
Hirte schläft im

Stehen und wird
Im Schlaf munter

Am Betrachter vorbei
Geschoben

Während er halb
Automatisch zuckt und

Segnet die schwarze
Kasse stimmt der Hormon

Haushalt im Keller
Stolpert ein hoher

Herr über den eigenen
Schatten, das Reich

Gottes am Boden die
Bittere Pille danach

Bitte lächeln.

Doppelte Staatsbürger

Haft, grüne Karte. *Sag
Nichts,* jeder

Ausdruck ist eine
Kopie ist ein

Original. Und kann
Gegen Sie. Drei

Personen, zwei
Pässe. Globali

Sirup, großer Ab
Schiebe Bahn

Hof. Marsch, marsch
Musik, rückwärts

Gespielt: Heim ins
Reich! »Sie hütet

Den Herd und er
Hütet sie.« Falsch.

Wir, die geklonten
Schafe lassen die

Hirten ziehen. Richtig
Auf wieder

Sehen sagen macht neue
Freunde. Zwei Sterne

Welt Hunger
Hilfe. »Schmeckte die

Letzte Zigarette, Herr
Bits und Frau

Bytes, lassen Sie
Weiter die besten

Köpfe rauchen im
Namen von

Deutschland, bitte
Bleiben Sie

Online.«

Amsel, Feld:
Schlacht ums nackte

Leben. Über
Leben. Wir. Die

Mehrheit. Schweigen.
Führen im Anzug

Krieg. Die
Krawatte zieht

Bomben. Sitzt
Die Manschette

Schief. Der
Kopf am Fall

Schirm. Brot für
Geld. Mangel

Erscheinung als
Heiliger Franz von

Habe Nichts
Zu verschenken.

Wo sind die
Russen kommen

Später. Vielleicht auf
Pump. Zählen bis zehn

Millionen Dollar. Sofort
Hilfe. Was das

Heißt: Kosten
Dämpfung. Alle

Aufgepaßt!
Es geht

Los.

Auch Siegen will
gerächt sein

Hängt da nicht
Ein gehemmtes Grün
In der Luft?

Die Nadeln zittern
Während der
Jagd auf Hirn

Gespinste mit über
Schall: Zwiefacher
Tag des Heeres

Blech, Blasmusik
Korps. Still
Gestanden das

Holz in Treue
Fest zusammen bis
Zum ersten Sturm

Angriff der Schweiß
Drüsen. AB
C Alarm im

Deutschen Wald der
Ungediente General
Stab spricht ...

Kleines Schmuck, Stück

Rote Fahne, erste Mai
Demonstration. Die

Kann gar nicht
Schwimmen und

Schwimmt mit
Der grünen

Flagge gegen
Den Strom

Stoß. Wer wirft
Einen Fön ins

Meer? Salz, die
Suppe leitet. Weißes

Banner als Hand
Tuch, ein vor

Geschobener
Grund: Schlinge

Um den Hals
Und fest zu

Gezogen. Die
Nachricht riecht

Aber klingt
Gut so. Ohr

Wurm frei, zur
Deutschen Dauer

Welle: »La
Paloma« oder

Spiel mir das
Lied vom Abend

Rot. Morgen ist
Ein anderer

Tag zu
Ende.

Vita, Mine

Ist da was
Dran. Trägt das

Wasser dünnes
Papier, ein

Gerücht: Luft
Getrocknete

Kehle. Sing
Vogel! Ja spinnt

Der Beppi
Die Brause

Tablette. Auf
Lösung, da

Steigt der
Grund

Um
Satz.

Deutsche Vermögens Schutz, Staffel e. V.

Geld ist
Nicht Geld ist

Gleich Geld
Stinkt zum

Teufel, die Spar
Büchse durch

Geladen. Strumpf
Über Kopf, los: Keine

Falsche Bewegung
Erlaubt. (Das Schild

Spricht deutsch, die
Rente ist weiblich

Und wird in Beton
Gegossen.) »Stellen

Sie sich vor die
Kasse übernimmt sogar

Die Bestattung auf
Hoher See.« *Vor dem*

Tod sind alle
Reich. Und so weiter

Geht's mit Mini
Golf.

Rechen, Exempel

Kommt einer um
Die Kurve, kommt

Keiner? Kommen
Zwei in der Kurve

Zusammen macht
Das eins geteilt

Durch zwei ist
Gleich ein halbes

Leben.

JUGEND RÖHRT

Landlied

Die Brille als
Spoiler. Der Rosen

Kranz im Aus
Puff. Sog. Wunder

Baum. Rinde
Ab. Weg

Kreuz.

BLAU mit fort
Laufender Gänse

Haut. Buchstaben
Erzeuger Wind, z. B.

Schiefes ›S‹ oder
›U‹. Weißes Vier

Eck, an die Kuppe
Geschachtelt, davor

Grast Proviant. Ab
Gesehen davon ist

Käse eine Wand mit
Runden Fenstern

In der Bauch
Höhle: vier

Beinige Tisch
Sitten. Bellt der

Magen, strapazierte
Madonna der See

Fahrer trägt Pantoffeln
An Land. Leicht

Matrosen ähnlich
Die Fremden in kurzen

Hosen und
Sandalen. Aufblasbare

Bananen als Beine
Geschält unter der Reiz

Wäsche: Watte, Schafs
Wolken, Binden, Toast

Hawaii mit Ketchup aus
Europa. »Früchte bei

Der Ernte nicht zu
Berühren«, blondes

Gift – wo die Zitronen
Blühen blüht der schwarze

Markt, ein Schnäppchen
Am Tag als der Regen

Kam, fiel die Börse ins
Wasser, aber

Die Herren setzen
Weiter auf Gelb und

Warten bis zum nächsten
Grün an der Ampel.

Auf die Stirn tippen

Heißt auch einen Vogel
Zeigen. Aber mach schnell

Den Abflug. Wo zum
Teufel bleibt da der

Anstand?

Deutsche, Residentin

Alte Frau im Leo
Look, Plüsch

Katze a. D. Rost,
Braun. Gezuckerte

Perücke. Steiler
Zahn mit Kunst

Stoff, Füllung. Zuviel
Rot zieht am

Filter: »Im Hafen
Trägt kein Schiff

Den Namen meines
Ex.« Der Schorn

Stein raucht auf
Lunge. »Sagte noch

*Pack die goldenen
Sandalen und geh*

Ins Wasser. Dabei
Ging er selbst über

Bord.«

BANANEN, RESI

Aresida: Eingeborene
Residentin im ›Geister

Dorf‹. Der Wind, drei
Bellende Hunde, die

Beißen. Gemüse, das
Meer und überall

Sand. Bananen, gegen
Unkraut wächst Gift. Kein

Mann, ein Wort:
»Resistent«. Lacht mit

Lücken und trennt
Mit gebogener

Klinge die gelben
Finger ab. »Señor, ich

Mache mir keinen
Reim auf die

Frage: *Warum
Ist die Banane*

Krumm?«

EHE, HYGIENE

Die eine Hirn
Hälfte verbrannt.

Die bessere
Fährt allein

In Hur
Laub.

ABENDS, IMMER

Öfter im Stau.
Am liebsten

Liegt er
Schief. Sie

Steht auf
Kalten

Kaffee. Oben
Ohne Milch

Schnitte. Säbel
Zahn. Tiger

Trifft Leo
Pardin manchmal

Nach Laden
Schluß.

Wasser, Wüste

Stein-Mühle
Wolken, Gebiß:

Dritte Zähne
Im Glas

Tickt der
Sand.

Mond, abgedimmt

Für das Observatorium
Auf dem Gipfel des

*Roque de los
Muchachos*. Auch die

Sterne aus
Geknipst. Wolken

Schirm, indirekt
Beleuchtet. Wasser, der

Körper bewegt sich
In dunklen Wellen

Fort. Schwarze Sand
Mühle. Ein zwei

Beiniger Leuchtturm.
Blond, Bernstein: Licht

Auf eine Kette gereiht
Und um den Hals

Gelegt. Trägt die
Blicke weiter. Ich sehe

Was, wenn sie ablegt
Wächst ein blinder

Stock. Was du nicht
Siehst.

Das Meer sieht

Das Land mit anderen
Augen. (Der Blick geht

Vom Blau ins Gelb ins
Grün.) Ein bewegtes

Kissen für eine ruhige
Nacht im Schoß.

Schrei nicht

So! Hör auf
Die Ruhe der
Gegenstände.

Anmerkungen

BRAND, BLASEN (S. 42) *Deo gratias!* Lateinisch, »Gott sei Dank!« (kath. Kirche)

DAS GANZE PACK (S. 51) Die Bezeichnung *Spinett* für einen tragbaren Computer (Notebook) stammt von dem Dichter Wilhelm Deinert. Er spielt auch auf die Doppelbödigkeit *Spinn net* an, was auf gut bayerisch *Spinn nicht* heißt.

MOND, ABGEDIMMT (S. 82) *Roque de los Muchachos;* hoher Berg auf der kanarischen Insel La Palma. Darauf wurden mehrere Observatorien errichtet.

Diese Neuausgabe wurde um fünf aktuelle Gedichte vermehrt, die hier zum ersten Mal erscheinen: »Auch Siegen will gerächt sein«, »Es ist so«, »Im Wald ist keiner«, »Jugend röhrt« und »Wir im Aquarium«.

Einzelne Gedichte aus der Sammlung erschienen als Erst- oder Nachdrucke in den Literaturzeitschriften »Die Außenseite des Elementes« (Nr. 8 / 99; Nr. 10 / 01), »die horen« (Bd. 4 / 01), in »Konzepte« (Nr. 19 / 00) und »ndl – neue deutsche literatur« (Nr. 5 / 99; Nr. 3 / 01), in der Tageszeitung »Die Welt«, im »Jahrbuch der Erotik XVI« sowie in Anthologien bei Reclam Leipzig (»komische gedichte«) und dtv/Hanser (»HEISS AUF DICH«).

Orte der Entstehung, Datierungen

Abends, immer (S. 80): Weßling, 12.8. / 13.8.2000
Amsel, Feld: / Schlacht ums nackte (S. 64): Weßling,
    Karfreitag, 2.4.1999
Ascher, Mittwoch (S. 57): Weßling, 3.2. / 6.2.2000
Auch Siegen will gerächt sein (S. 66): Bischofsmais / Dürrwies,
    22.9.2001
Auf die Stirn tippen (S. 76): Garafía, La Palma, 5.5.2000
Bananen, Resi (S. 78): Garafía, La Palma, 5.5.2000;
    Weßling, 15.8. / 17.8.2000
Blau (S. 74): Garafía, La Palma, 9.5. / 10.5.2000;
    Weßling, 15.8.2000
Brand, Blasen (S. 42): Weßling, 2.1.2000, 14.8.2000
Das ganze Pack (S. 51): Weßling, 5.1.2000
Das Meer sieht (S. 84): Garafía, La Palma, 11.5. / 17.5.2000
Deutsche, Residentin (S. 77): Garafía, La Palma, 5.5. / 8.5.2000;
    Weßling, 15.8.2000
Deutsche Vermögens / Schutz, Staffel e. V. (S. 70): Garafía, La
    Palma, 5.5. / 6.5.2000; Weßling, 15.8.2000, 10.11.2000
Doppelte Staatsbürger (S. 62): Garafía, La Palma, 6.5. / 7.5.2000;
    Weßling, 14.8. / 15.8.2000
Ehe, Hygiene (S. 79): Garafía, La Palma, 5.5.2000
Ende der Sommerzeit (S. 53): Weßling, 31.10.1999, 14.8.2000,
    10.11.2000
Es ist so (S. 56): Viechtach, 28.3. / 29.3.2001
Fasten, Zeit (S. 55): Weßling, 31.1.2000
Gaumen, Freuden (S. 37): Weßling, 3.2. / 6.2.2000, 14.8.2000,
    9.11.2000
Heiliges Jahr (S. 33): Garafía, La Palma, 30.4.1999;
    Weßling, 31.12.1999, 2.1.2000, 14.8.2000, 9.11.2000
Hör, Buch (S. 50): Garafía, La Palma, 5.5. / 10.5.2000;
    Weßling, 15.8.2000
Im Wald ist keiner (S. 24): Viechtach, 29.3.2001;
    Weßling, 21.4.2001
Insel. Tragödie (S. 21): Garafía, La Palma, 2.5.1998;
    Weßling, 5.1.1999
Jagd, Lied (S. 22): Garafía, La Palma, 30.4.1999;
    Weßling 3.11.1999, 8.1.2000, 13.8.2000, 9.11.2000
Jugend röhrt (S. 73): Viechtach, 29.3.2001; Weßling, 16.4.2001

Kanarische Sicht, Weise (S. 13): Garafía, La Palma, 4.5.1998;
 Weßling, 29.12.1998
Kleider, Ordnung (S. 35): Weßling, 8.7.2000, 30.8.2000
Kleines Schmuck, Stück (S. 67): Garafía, La Palma, 5.5. / 6.5.2000;
 Weßling, 10.11.2000
Kopf, Nebel (S. 31): Garafía, La Palma, 6.5.1999; Weßling, 3.11.1999
Kreuz, Fest (S. 34): Garafía, La Palma, 2.5.1998;
 Weßling, 30.12.1998, 16.8.2000
Leben, nach (S. 59): Garafía, La Palma, 15.5.2000;
 Weßling, 14.8.2000
Leiden (S. 45): Leiden, Holland, 26.6.1999; Weßling, 28.12.1999,
 8.1.2000, 14.8.2000
Lokal, Runde (S. 16): Garafía, La Palma, 1.5.1998;
 Weßling, 10.1.1999
Menschen, Fress er (S. 36): Weßling, 3.6. / 4.6.2000, 14.8.2000
Mond, abgedimmt (S. 82): Garafía, La Palma, 8.5.2000;
 Weßling, 15.8.2000
Nass, Rasur (S. 38): Garafía, La Palma, 30.4.1999;
 Weßling, 3.11.1999, 14.8.2000
Pizzeria Mamma Mia (S. 18): Garafía, La Palma, 13.5. / 16.5. /
 17.5.2000; Weßling, 16.7.2000, 13.8. / 17.8.2000
Rechen, Exempel (S. 72): Garafía, La Palma, 5.5. / 6.5.2000;
 Weßling, 15.8.2000
Reise, Fieber (S. 11): Garafía, La Palma, 2.5.1998; Weßling, 4.1.1999
Schnee, Mann (S. 41): Garafía, La Palma, 9.5.1999;
 Weßling, 17.7.1999, 9.1.2000
Schrei nicht (S. 85): Weßling, 6.6.1999, 5.11.1999
Such, Lauf, schneller / Vor und zurück (S. 27): Garafía, La
 Palma, 2.5.1998; Weßling, 7.1.1999, 13.8.2000
Süss, Wasser / Becken (gebärfreudig) (S. 32): Garafía, La Palma,
 30.4.1999; Weßling, 3.11.1999, 13.8. / 17.8.2000, 9.11.2000
Teil, für das Ganze (S. 25): Garafía, La Palma, 11.5. / 13.5.2000
Treib, Gut (S. 14): Garafía, La Palma, 2.5.1998; Weßling, 9.1.1999
Ungereimtes (S. 47): Weßling, 23.12.1999
Vita, Mine (S. 69): Weßling, 10.6. / 11.6.2000
Wasser, Wüste (S. 81): Garafía, La Palma, 11.5. / 17.5.2000;
 Weßling, 15.8.2000
Wilde Natur, Kunde (S. 39): Weßling, 31.1.2000, 5.2.2000,
 14.8.2000
Wir im Aquarium (S. 30): Bischofsmais / Dürrwies, 26.9.2001;
 Weßling, 3.10.2001
Würden, Träger (S. 60): Weßling, 6.1.2000, 14.8.2000

Inhalt

»Meer, Insel, Liebe« – Ein Vorspruch von Joachim Sartorius	5
Reise, Fieber	11
Kanarische Sicht, Weise	13
Treib, Gut	14
Lokal, Runde	16
Pizzeria Mamma Mia	18
Insel. Tragödie	21
Jagd, Lied	22
Im Wald ist keiner	24
Teil, für das Ganze	25
Such, Lauf, schneller / Vor und zurück	27
Wir im Aquarium	30
Kopf, Nebel	31
Süß, Wasser / Becken (gebärfreudig)	32
Heiliges Jahr	33
Kreuz, Fest	34
Kleider, Ordnung	35
Menschen, Fress er	36
Gaumen, Freuden	37
Naß, Rasur	38
Wilde Natur, Kunde	39
Schnee, Mann	41
Brand, Blasen	42
Leiden	45
Ungereimtes	47
Hör, Buch	50
Das ganze Pack	51
Ende der Sommerzeit	53
Fasten, Zeit	55

Es ist so	56
Ascher, Mittwoch	57
Leben, nach	59
Würden, Träger	60
Doppelte Staatsbürger	62
Amsel, Feld: / Schlacht ums nackte	64
Auch Siegen will gerächt sein	66
Kleines Schmuck, Stück	67
Vita, Mine	69
Deutsche Vermögens / Schutz, Staffel e. V.	70
Rechen, Exempel	72
Jugend röhrt	73
Blau	74
Auf die Stirn tippen	76
Deutsche, Residentin	77
Bananen, Resi	78
Ehe, Hygiene	79
Abends, immer	80
Wasser, Wüste	81
Mond, abgedimmt	82
Das Meer sieht	84
Schrei nicht	85
Anmerkungen	86
Alphabetisches Verzeichnis der Gedichte / Orte der Entstehung, Datierungen	87